# Mindful Coloring

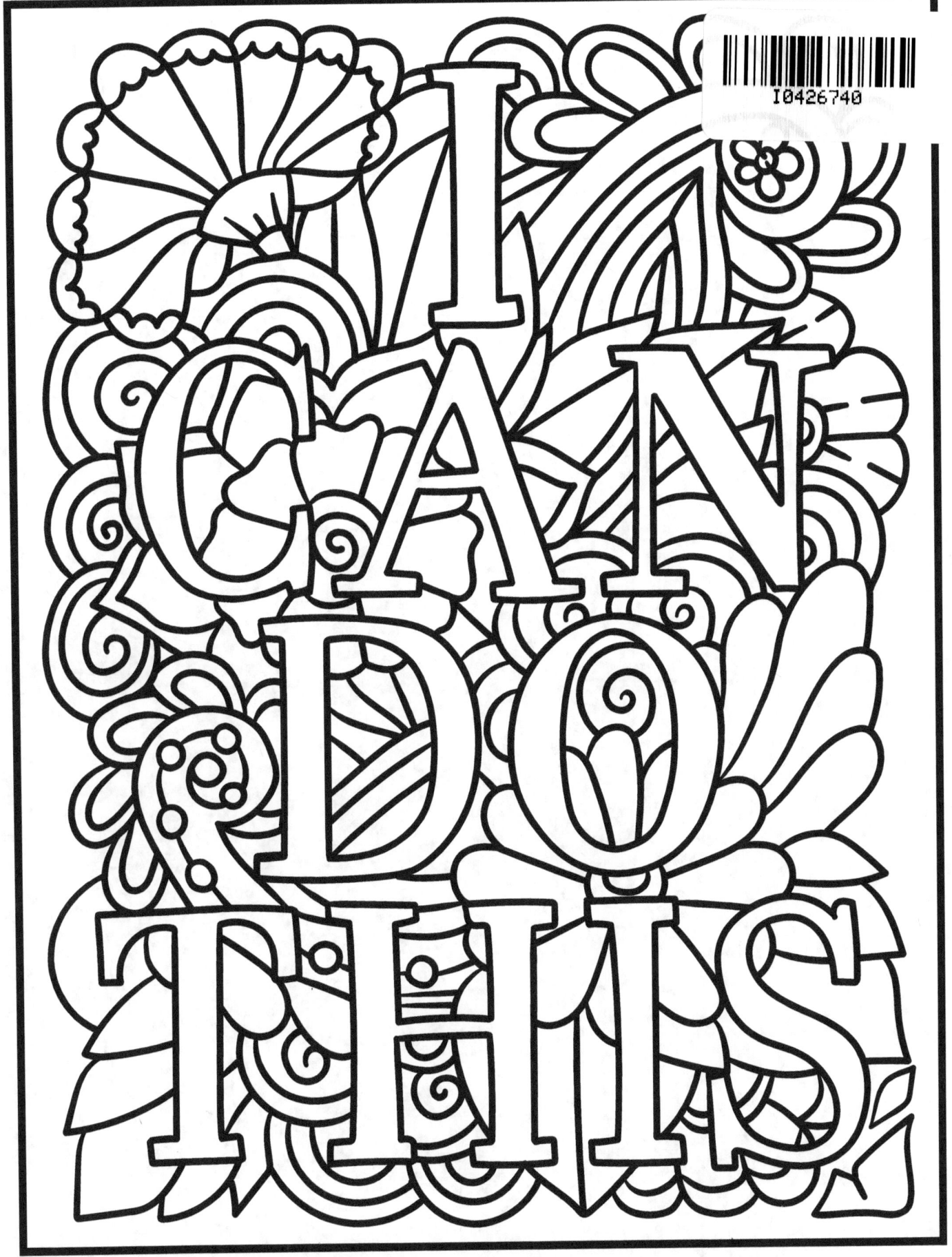

# Mindful Coloring

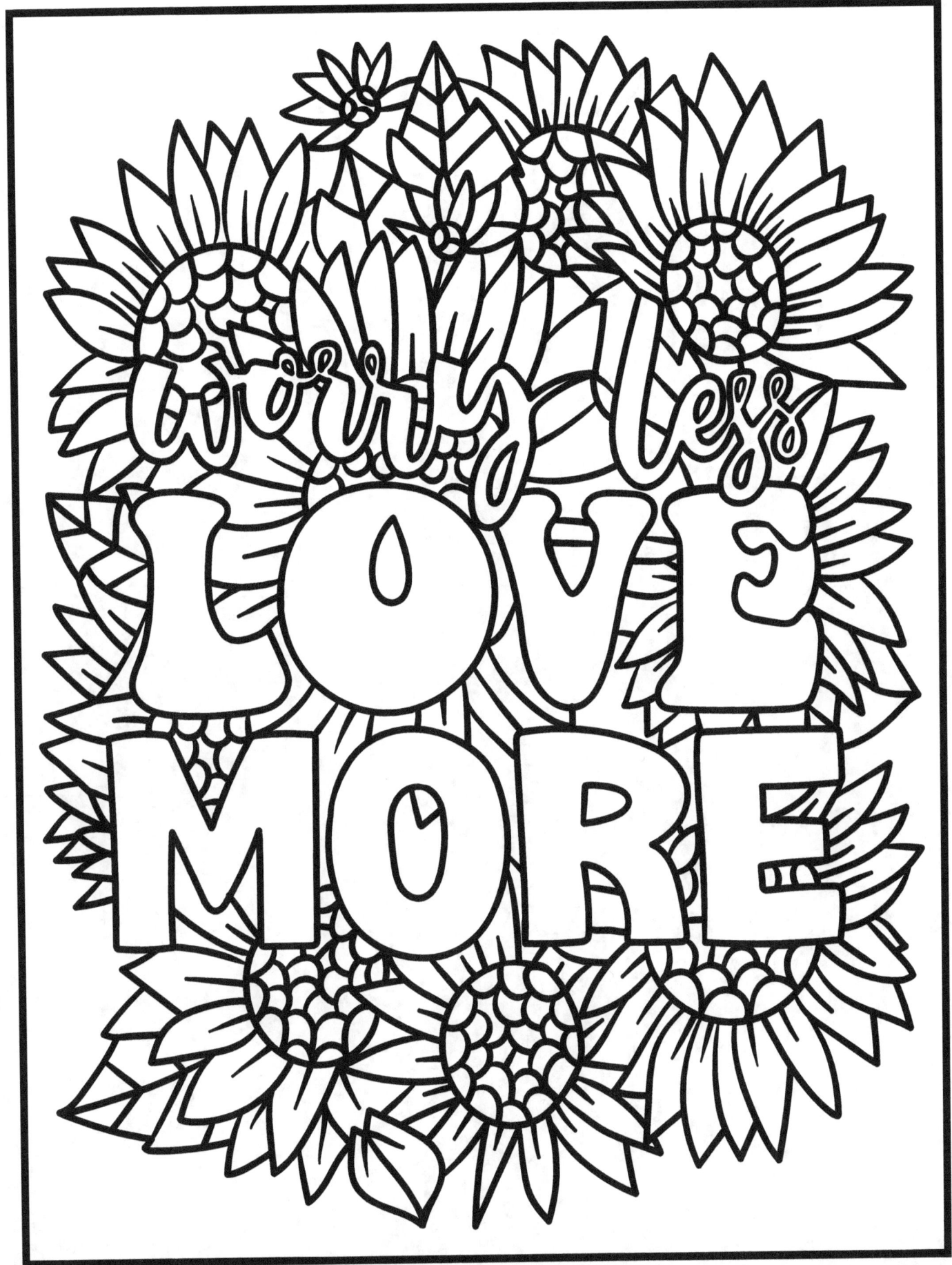

# Mindful Coloring

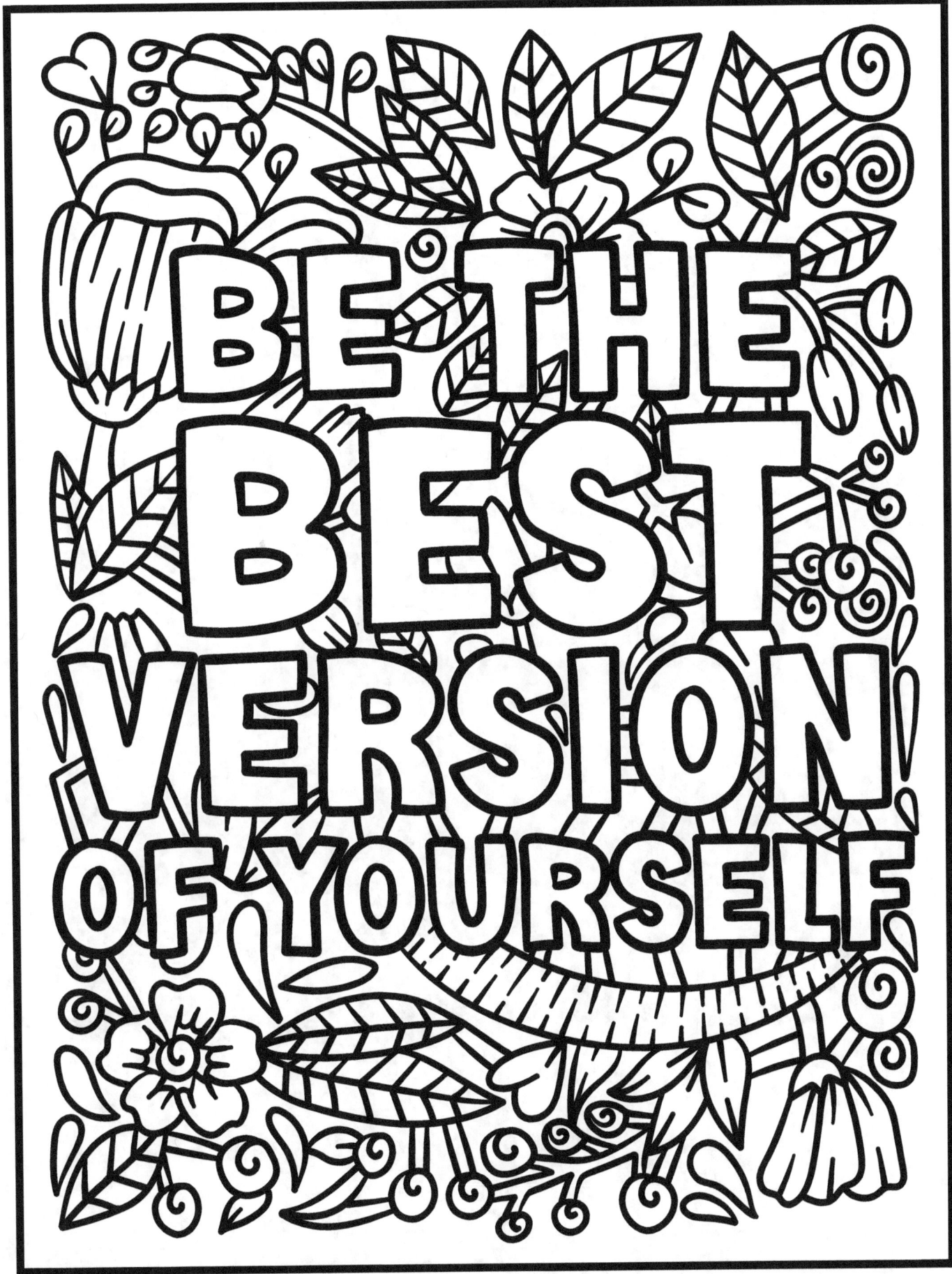

# Mindful Coloring

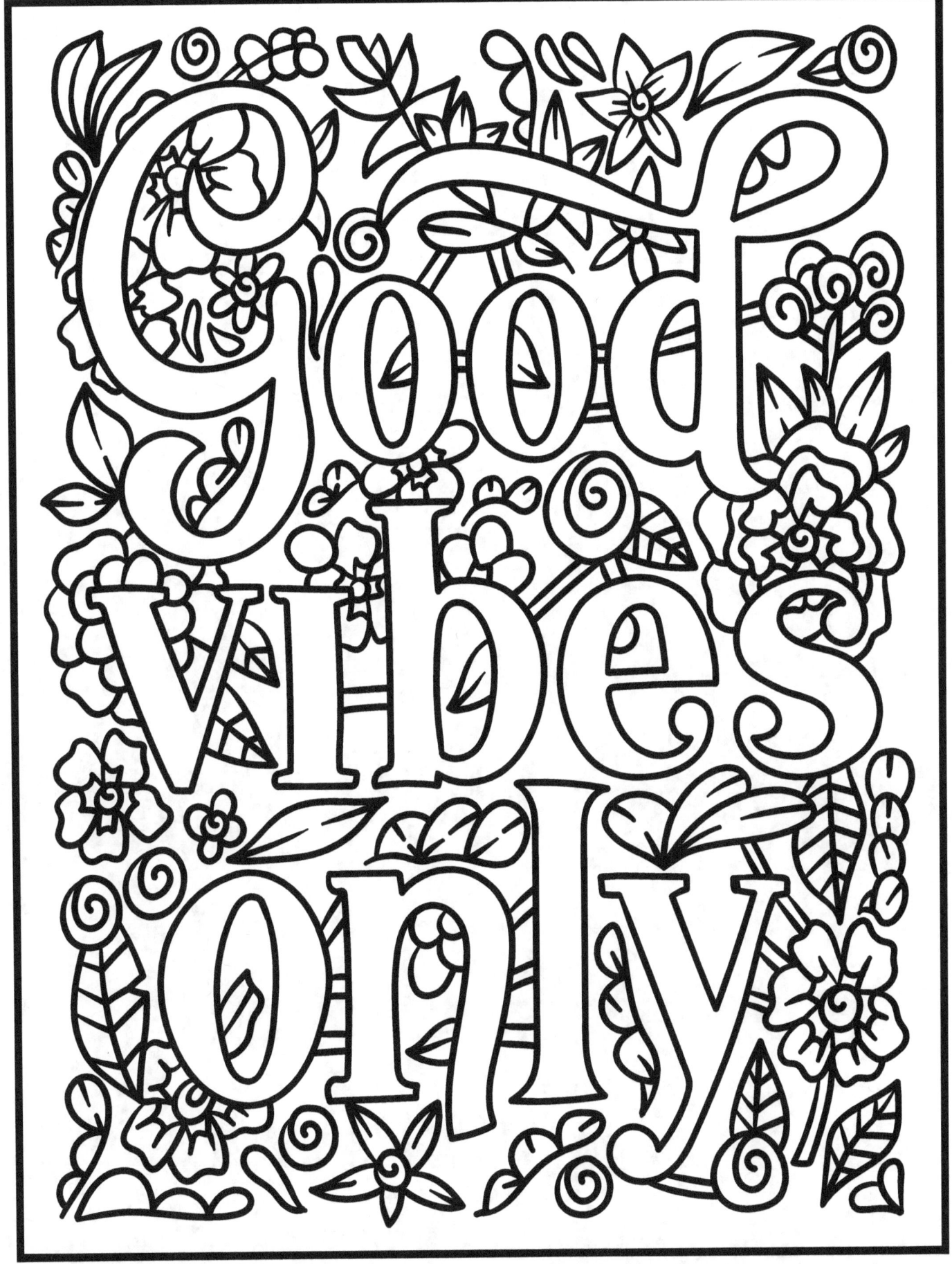

# Mindful Coloring

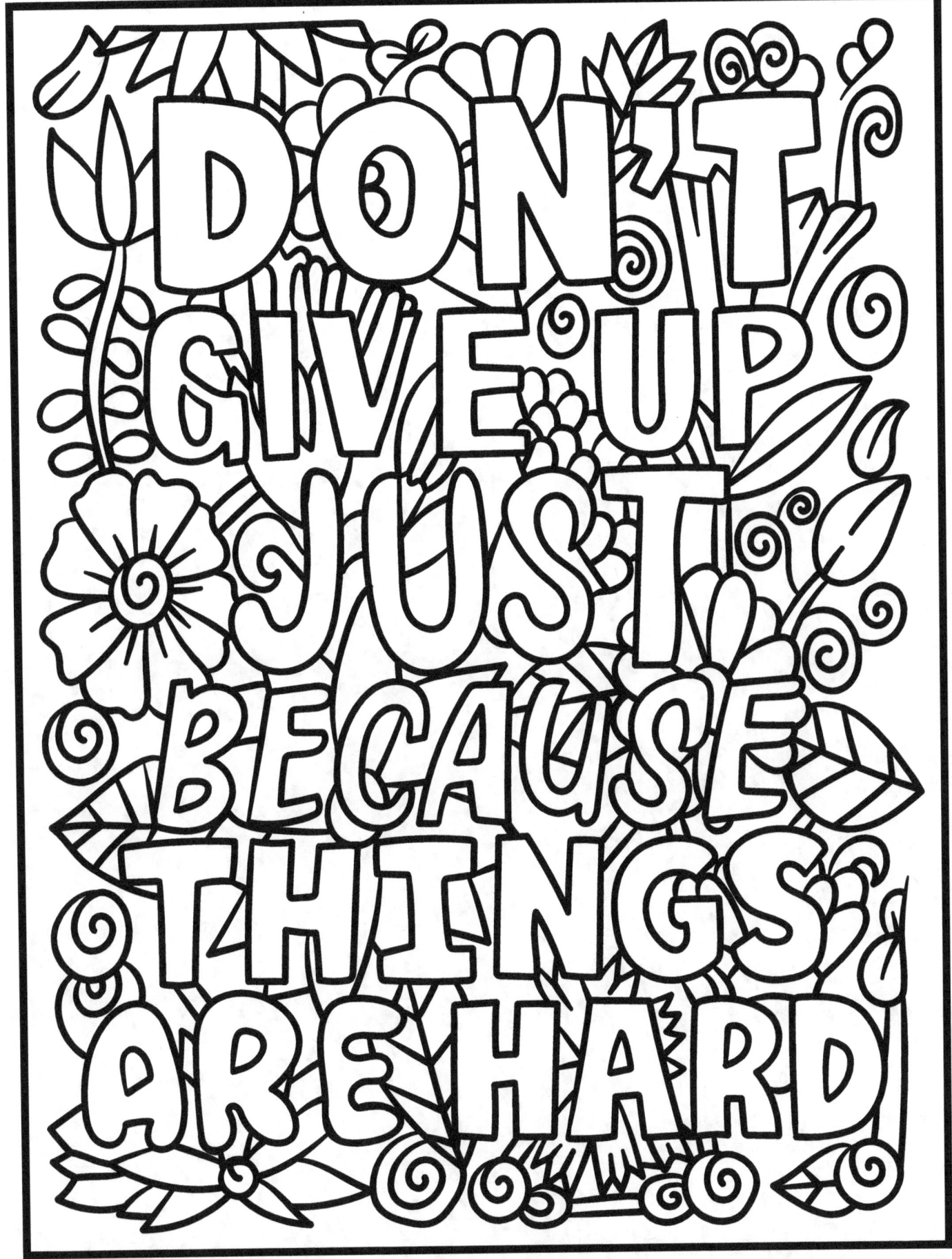

# Mindful Coloring

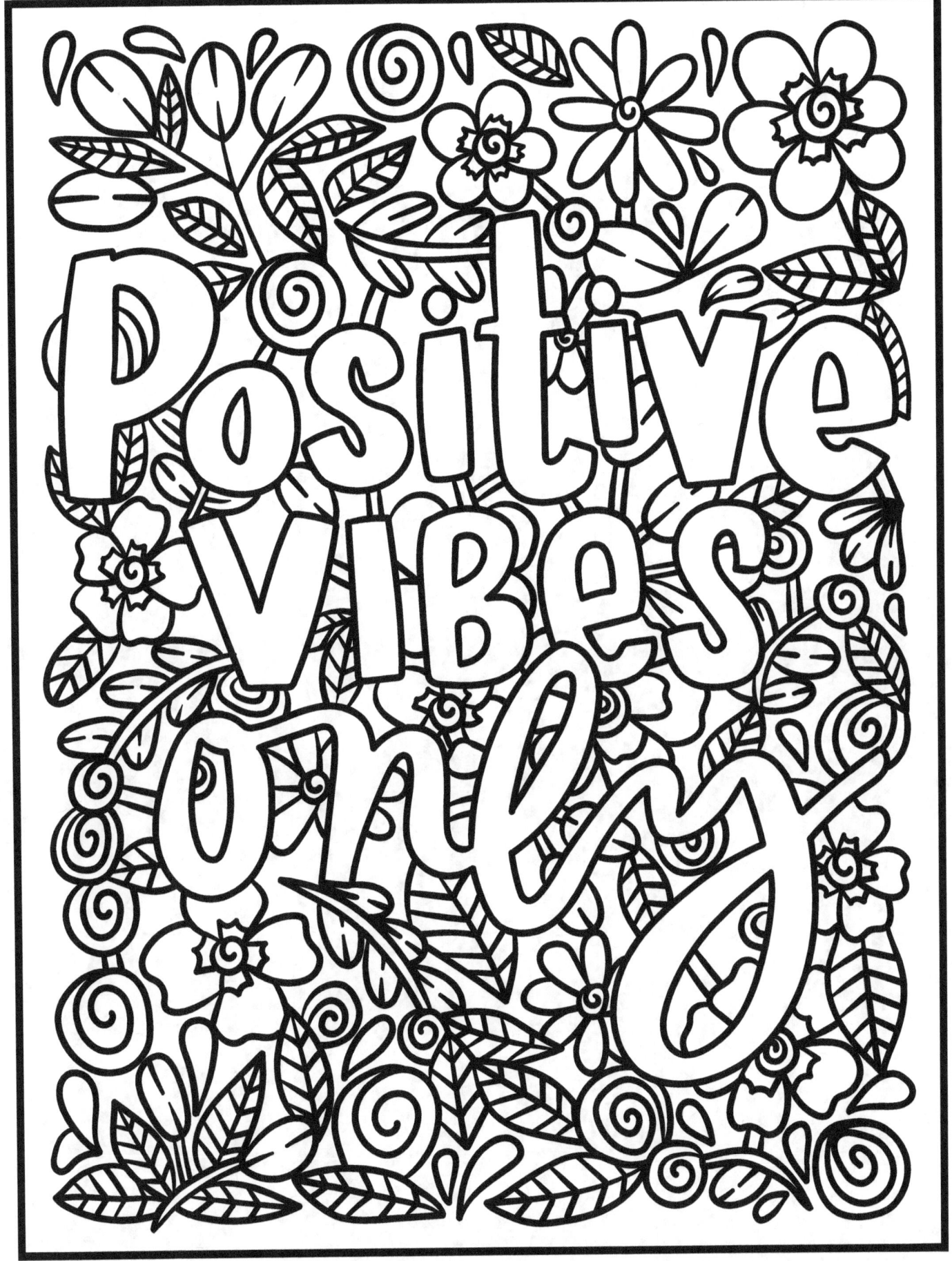

# Mindful Coloring

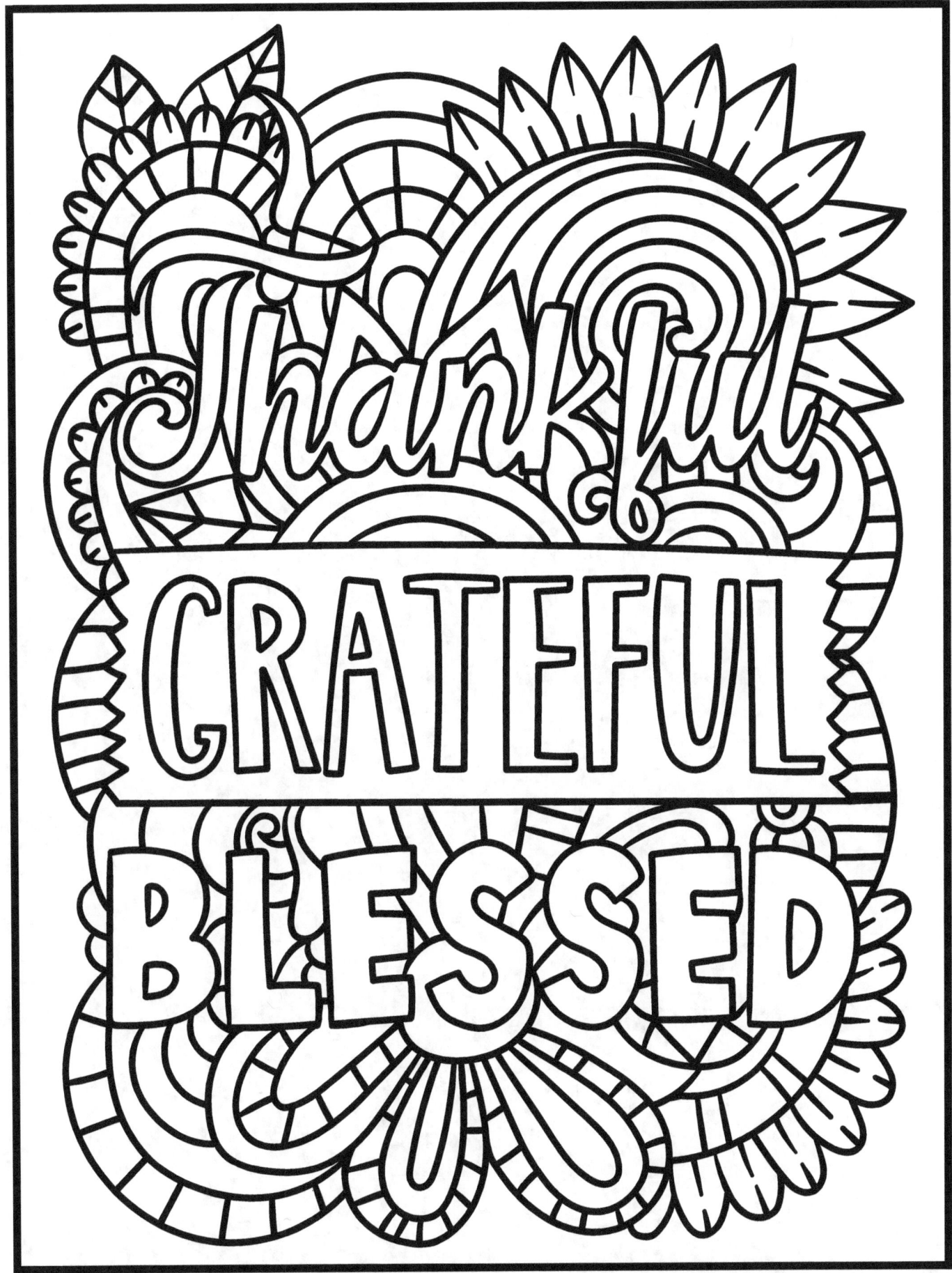

# Mindful Coloring

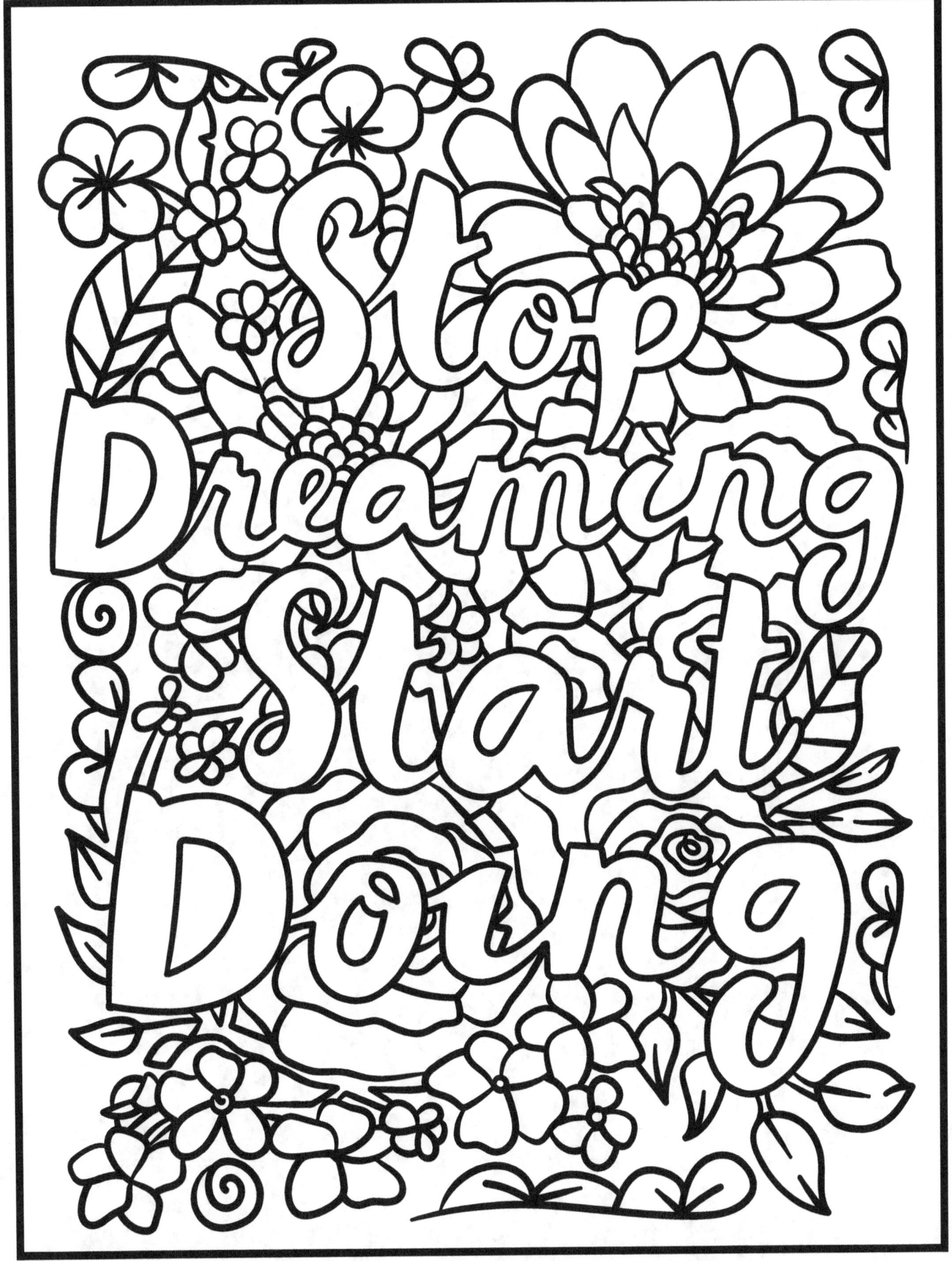

# Mindful Coloring

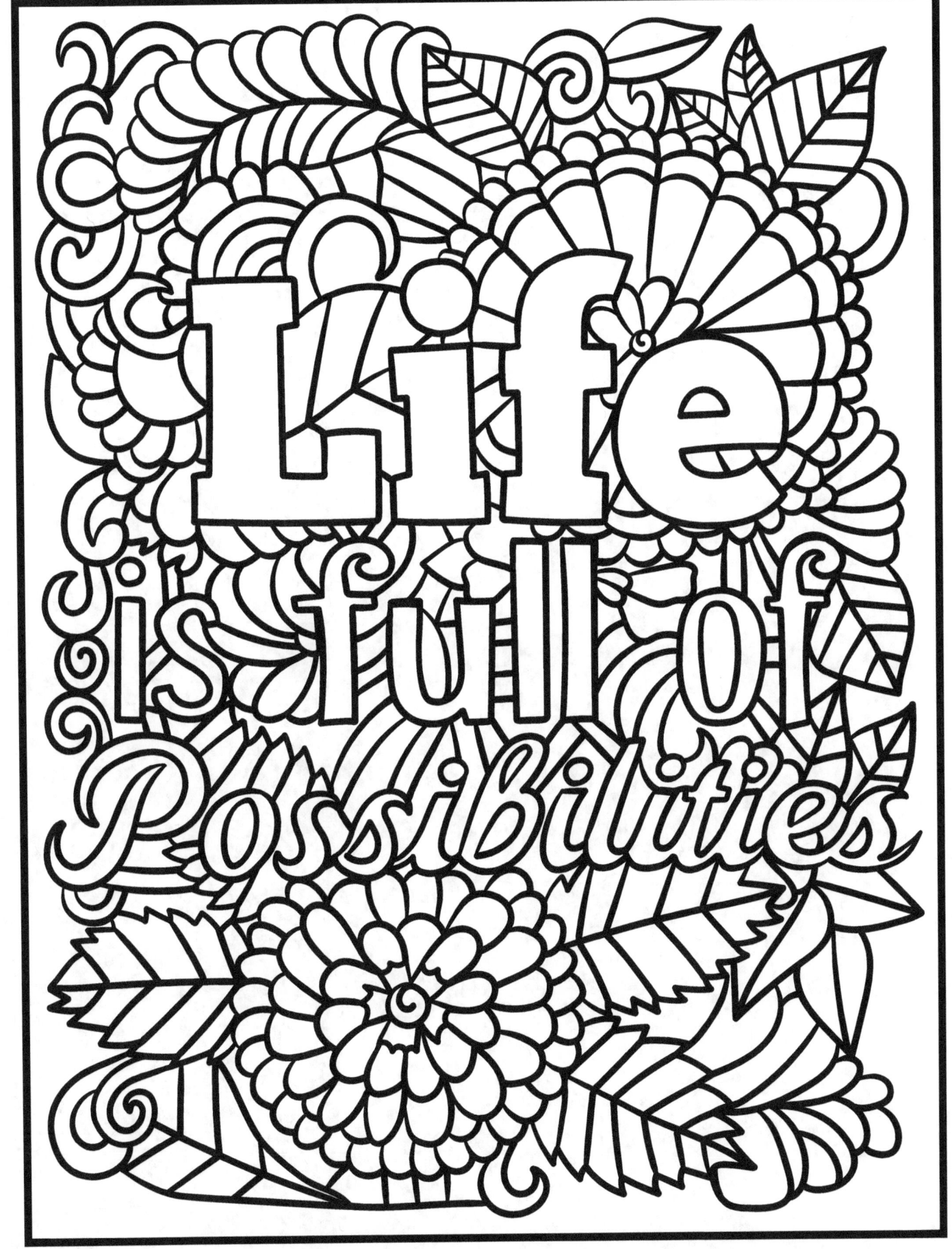

# Mindful Coloring

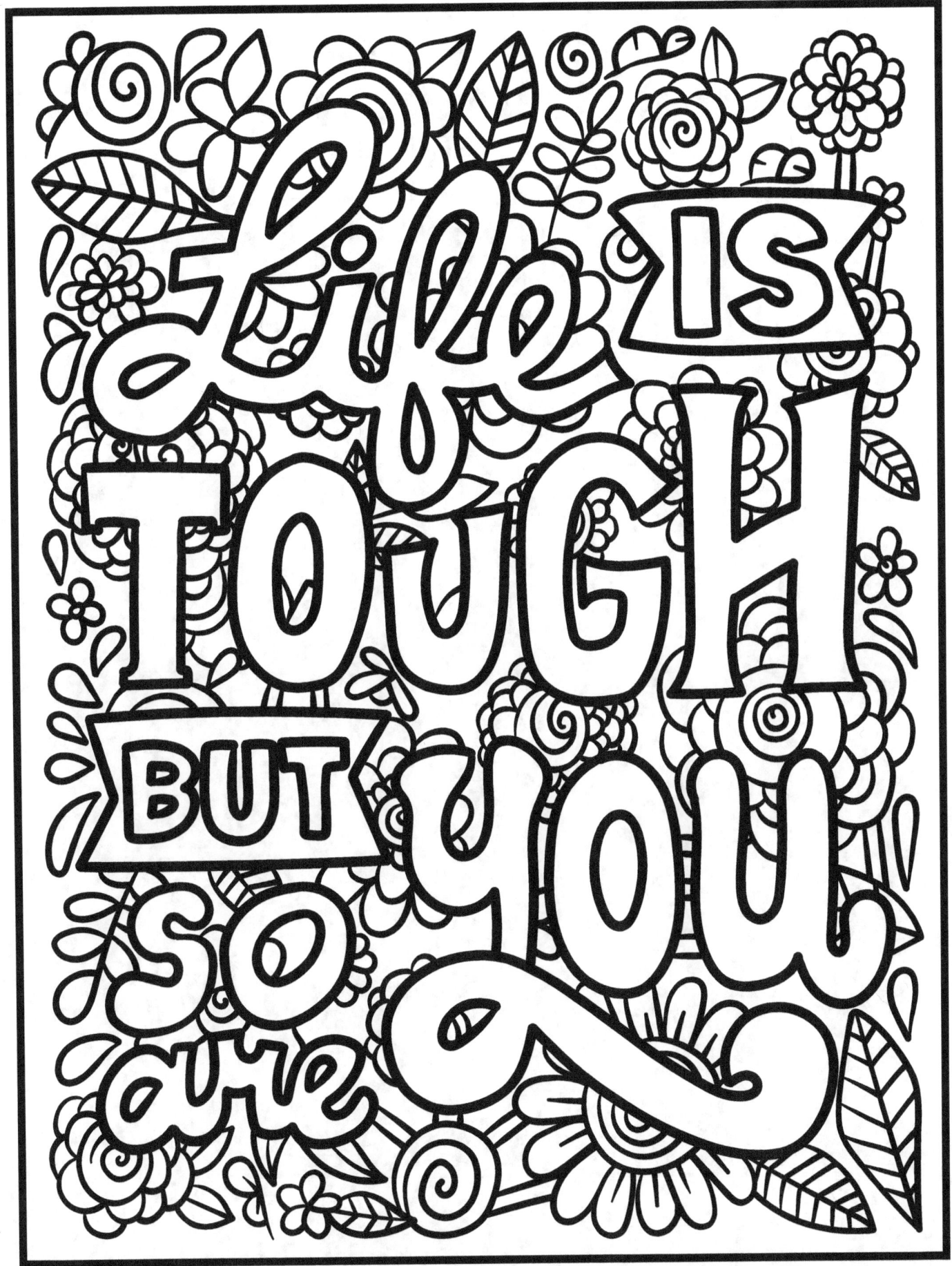

# Mindful Coloring

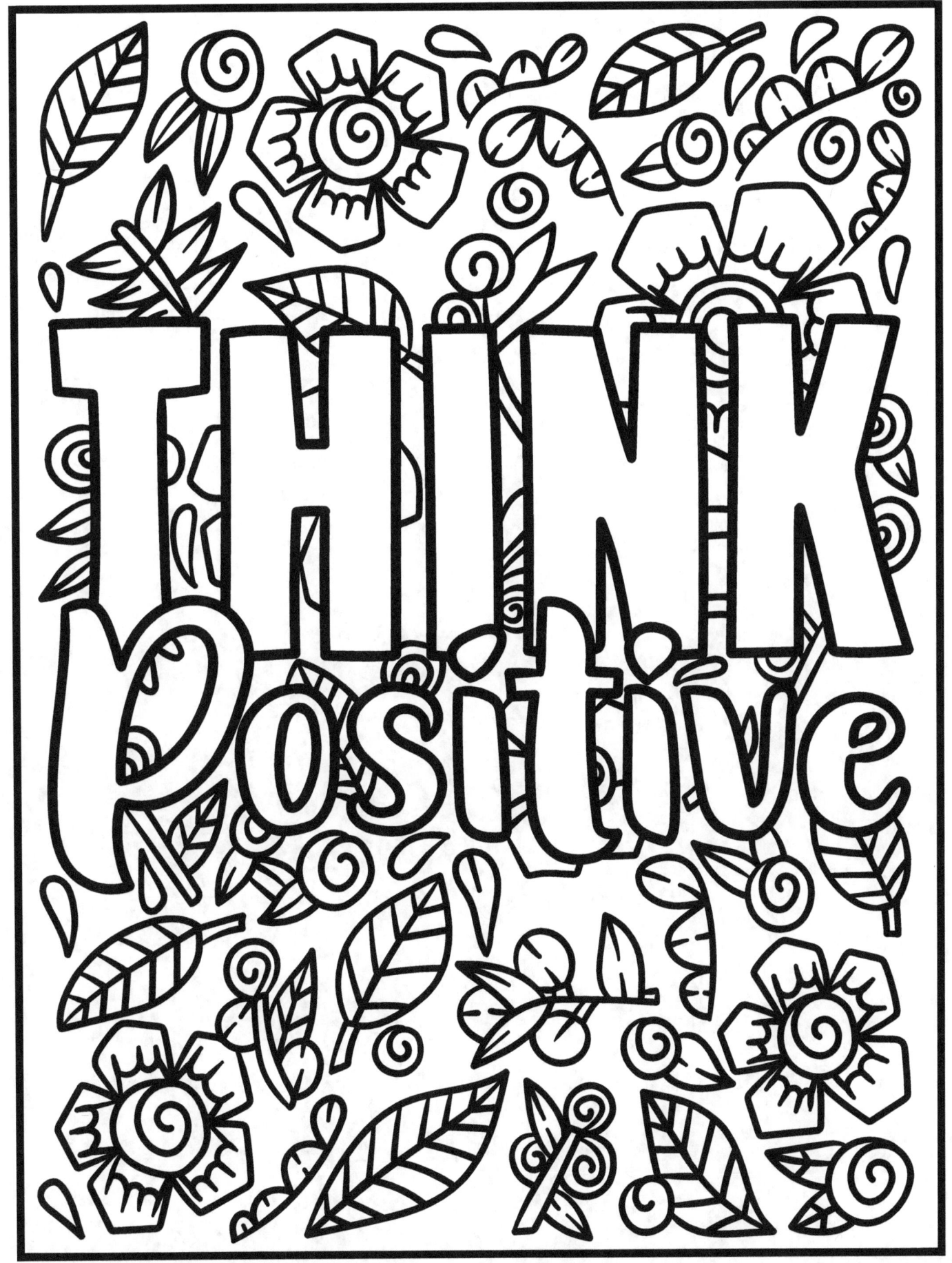

# Mindful Coloring

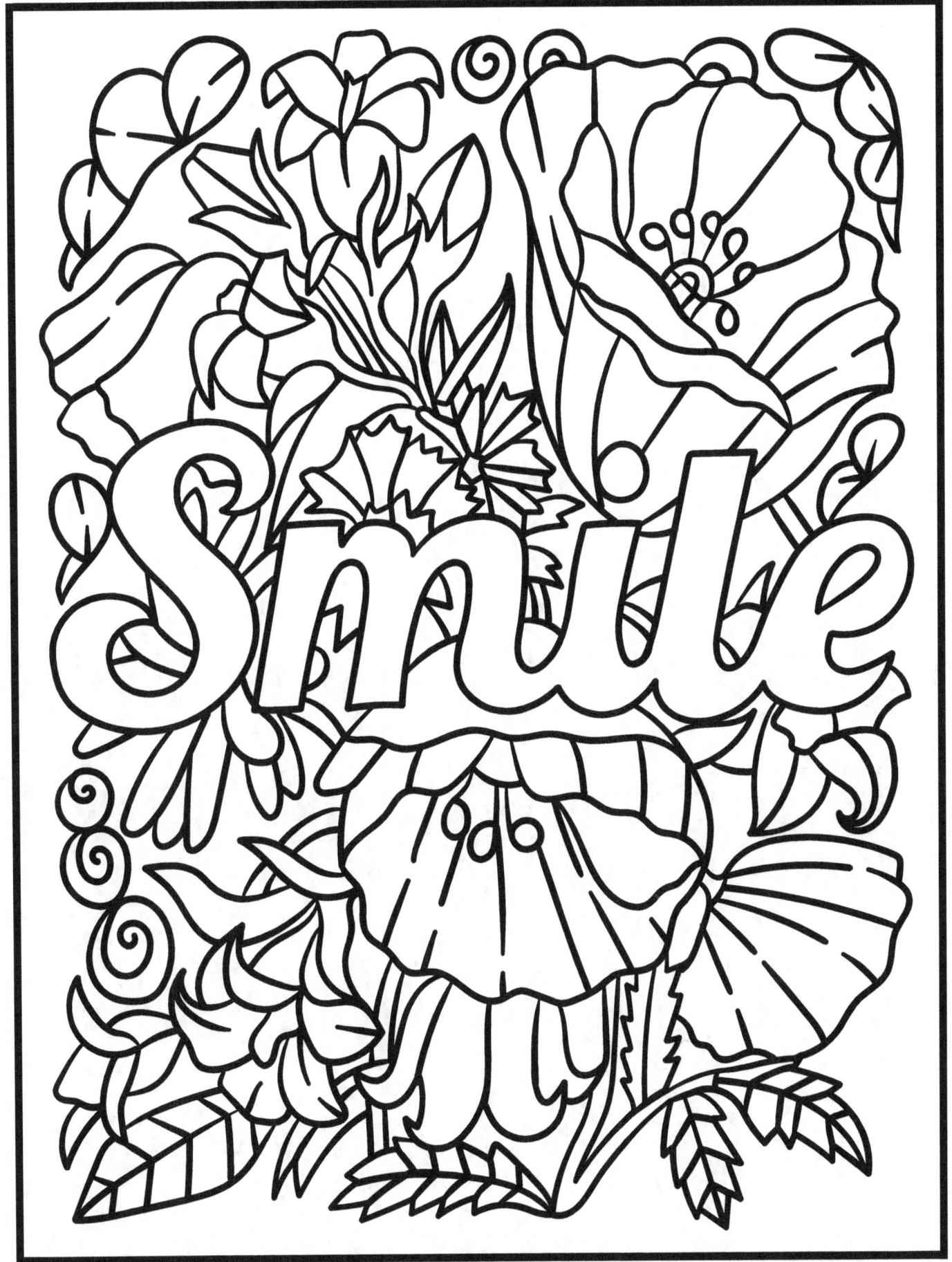

# Mindful Coloring

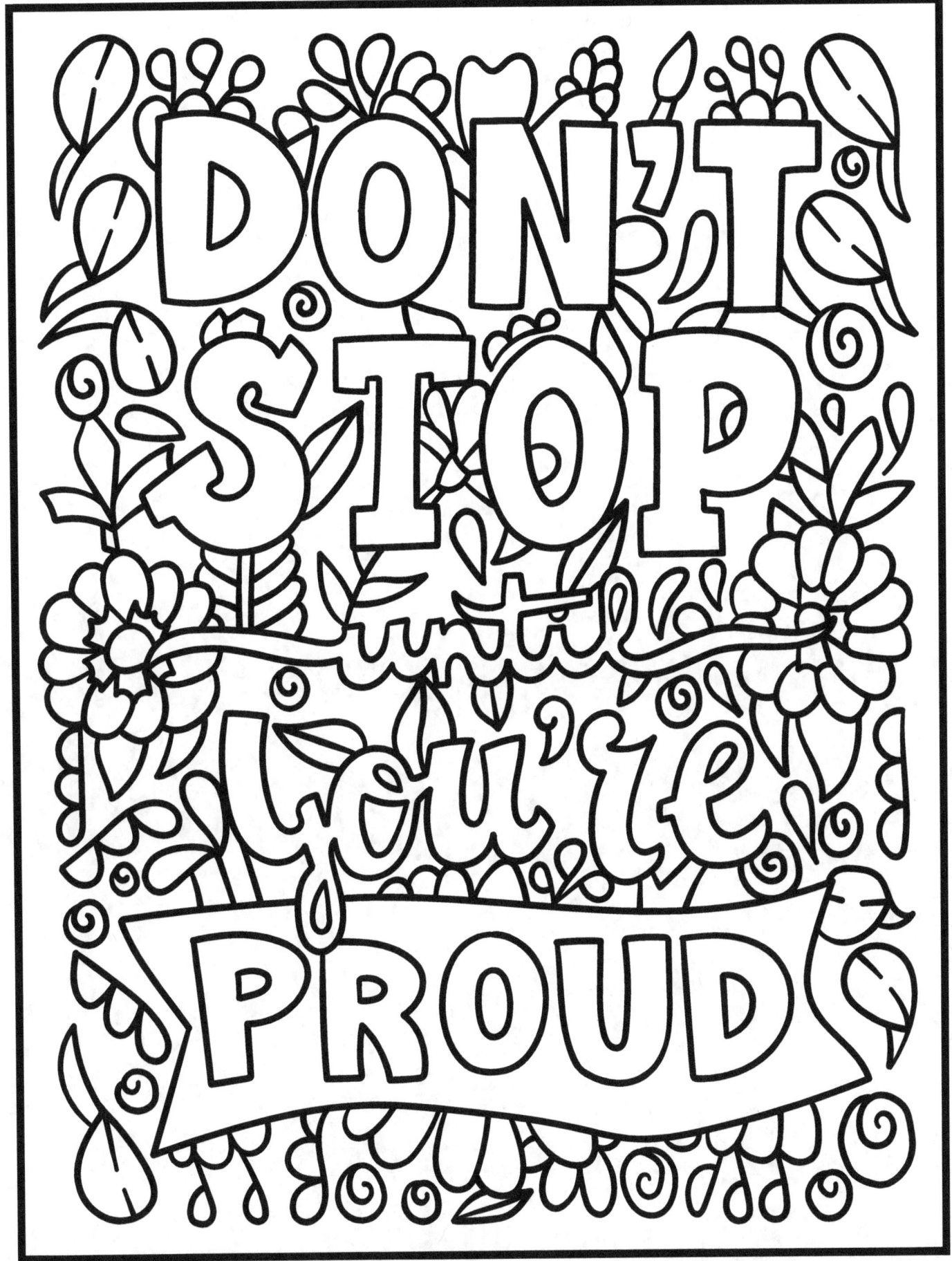

# Mindful Coloring

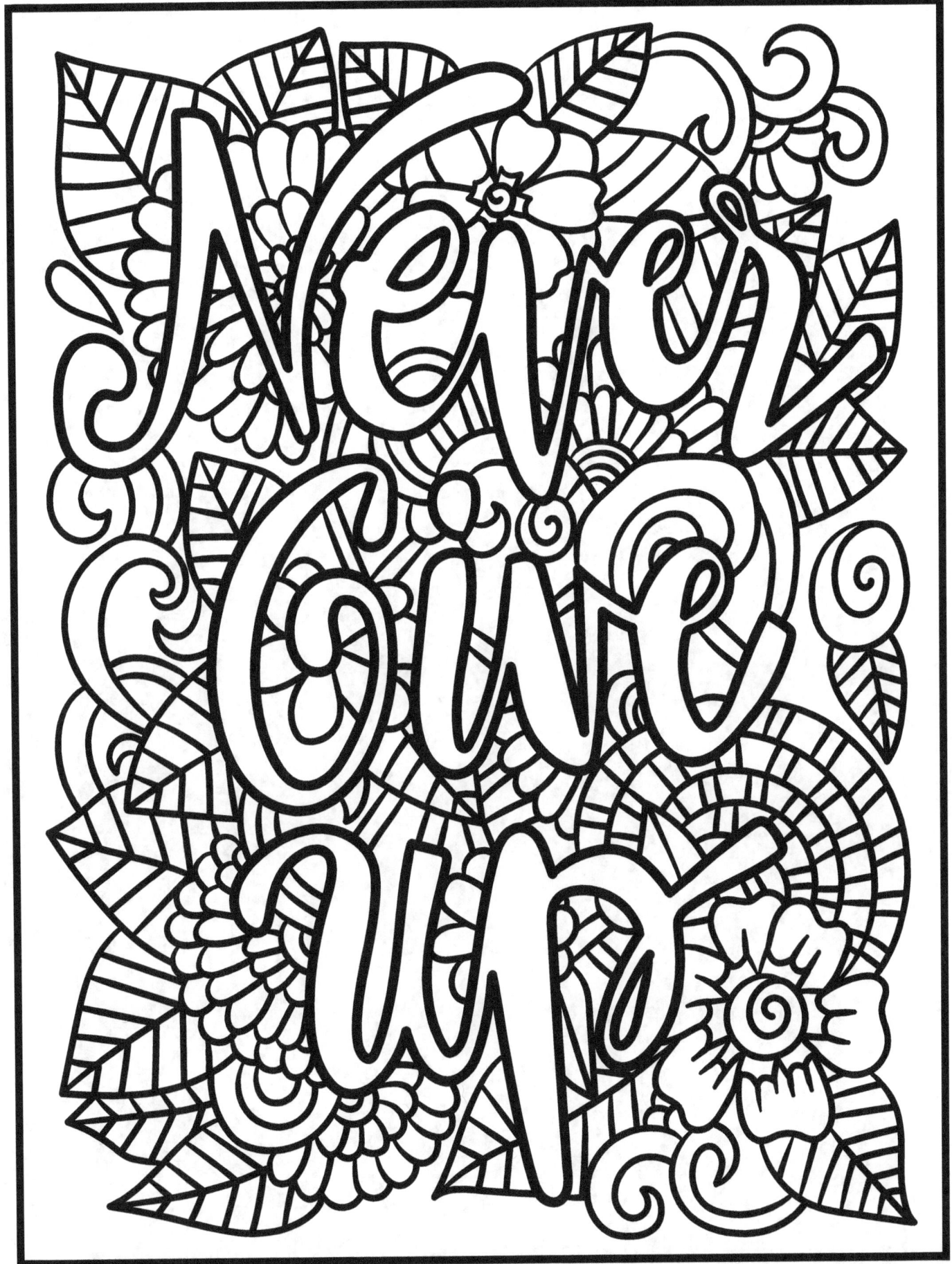

# Mindful Coloring

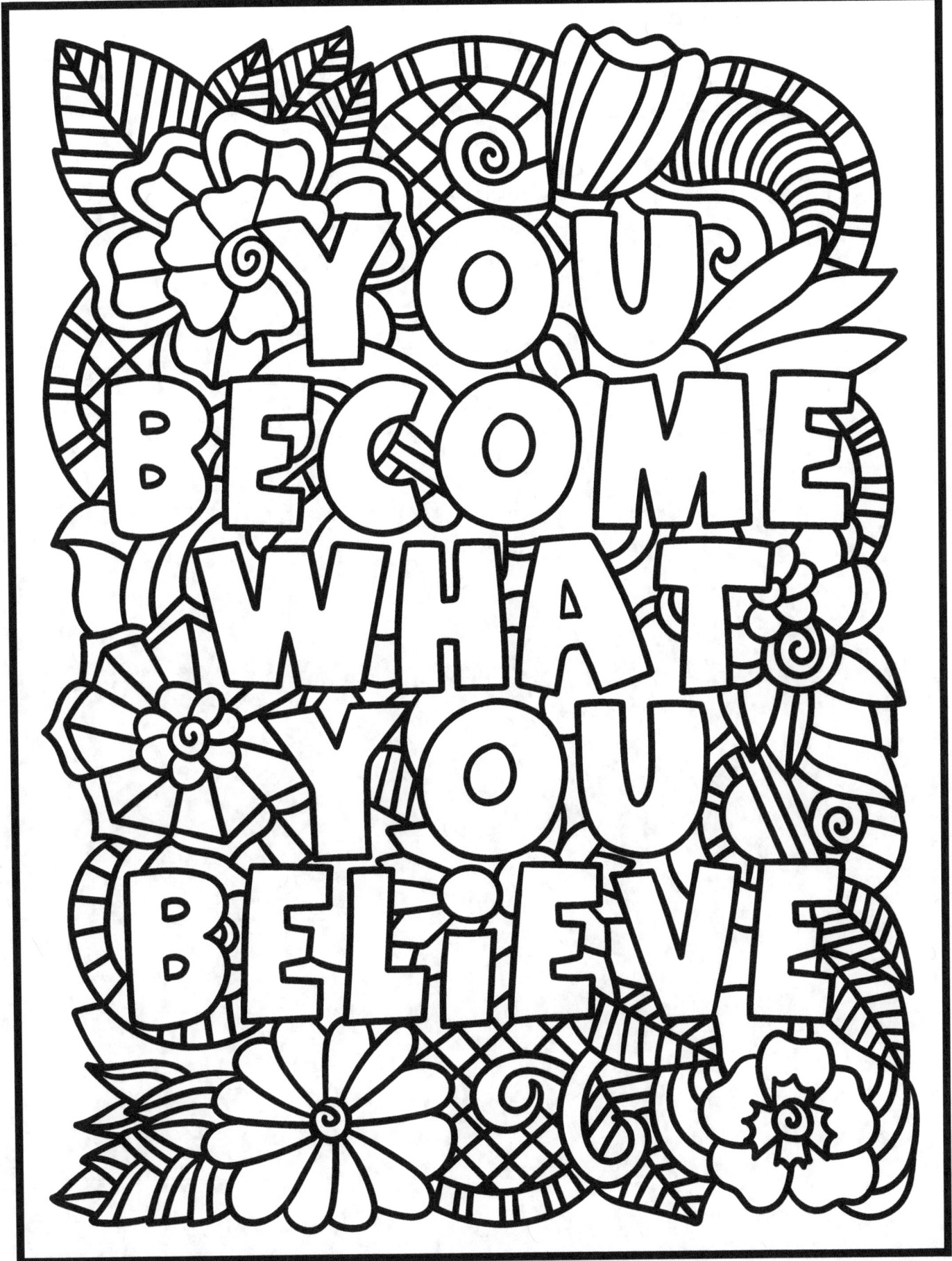

# Mindful Coloring

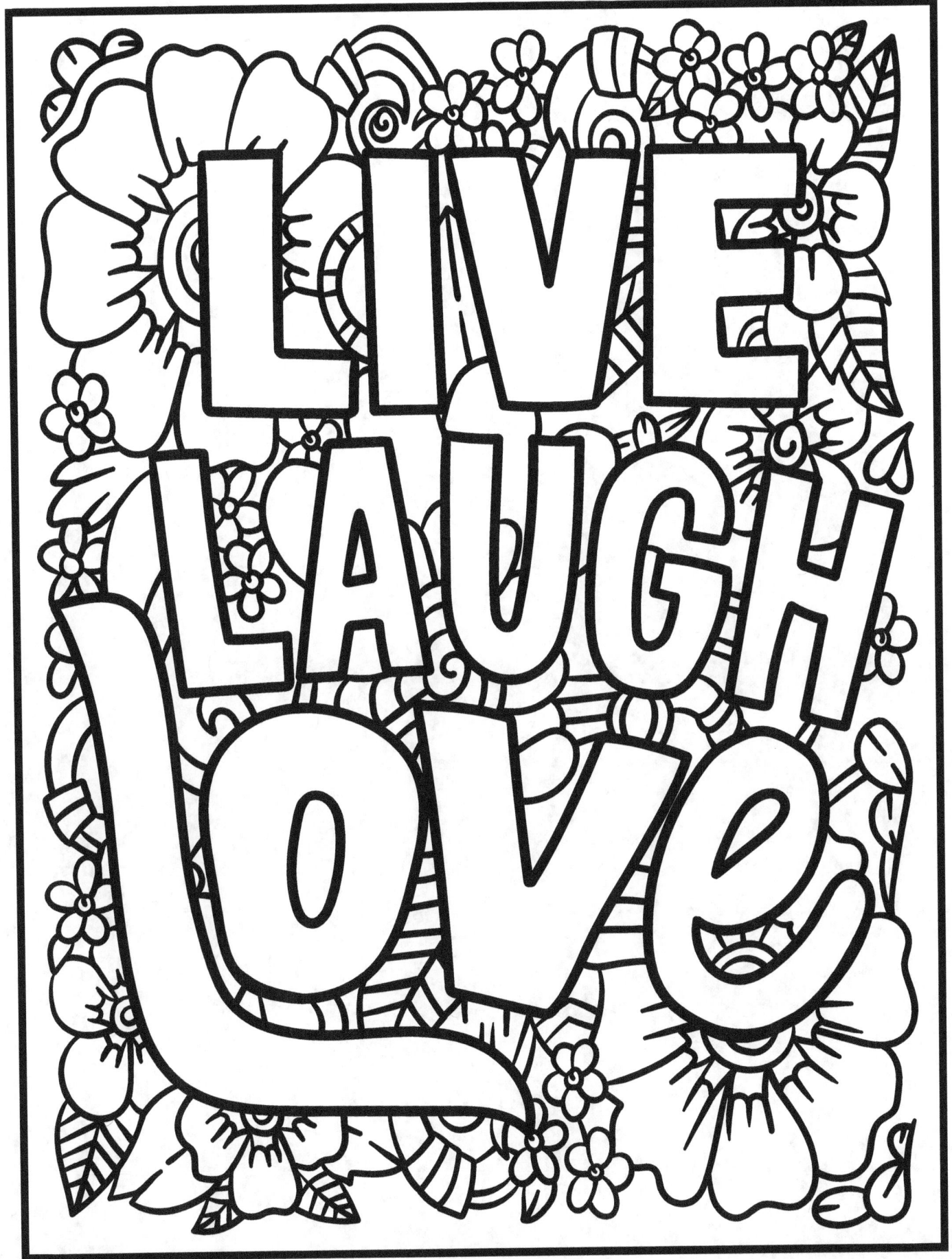

# Mindful Coloring

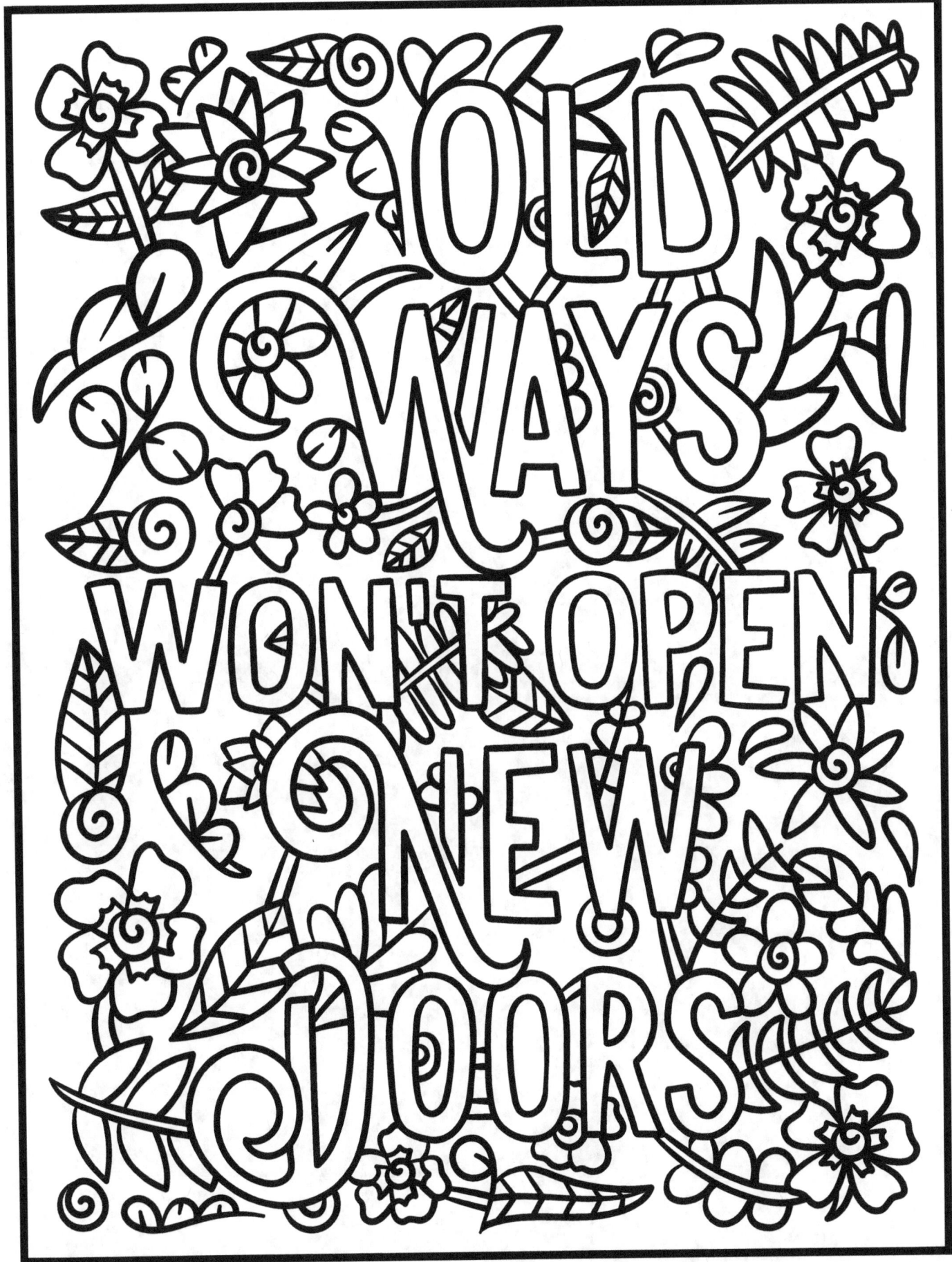

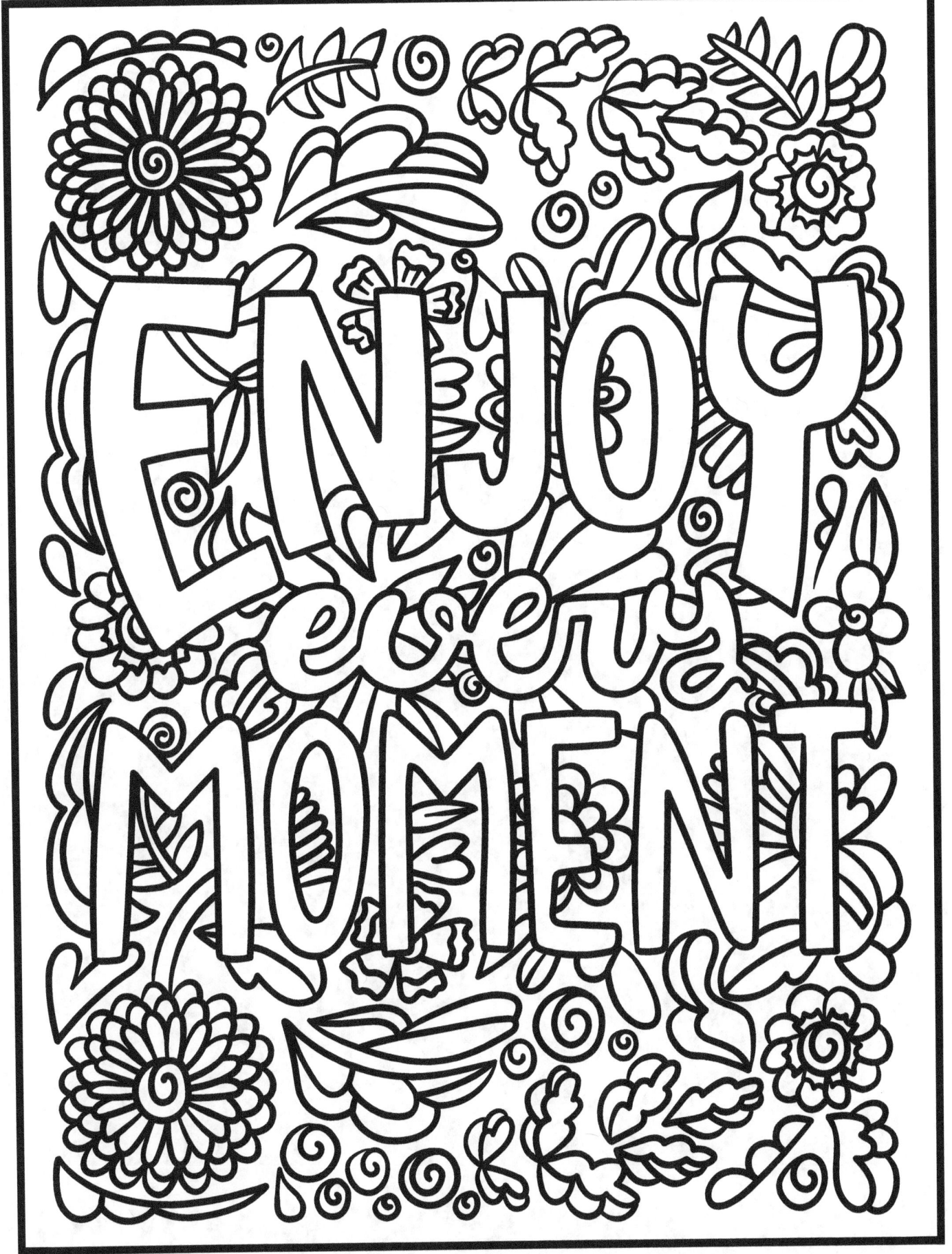

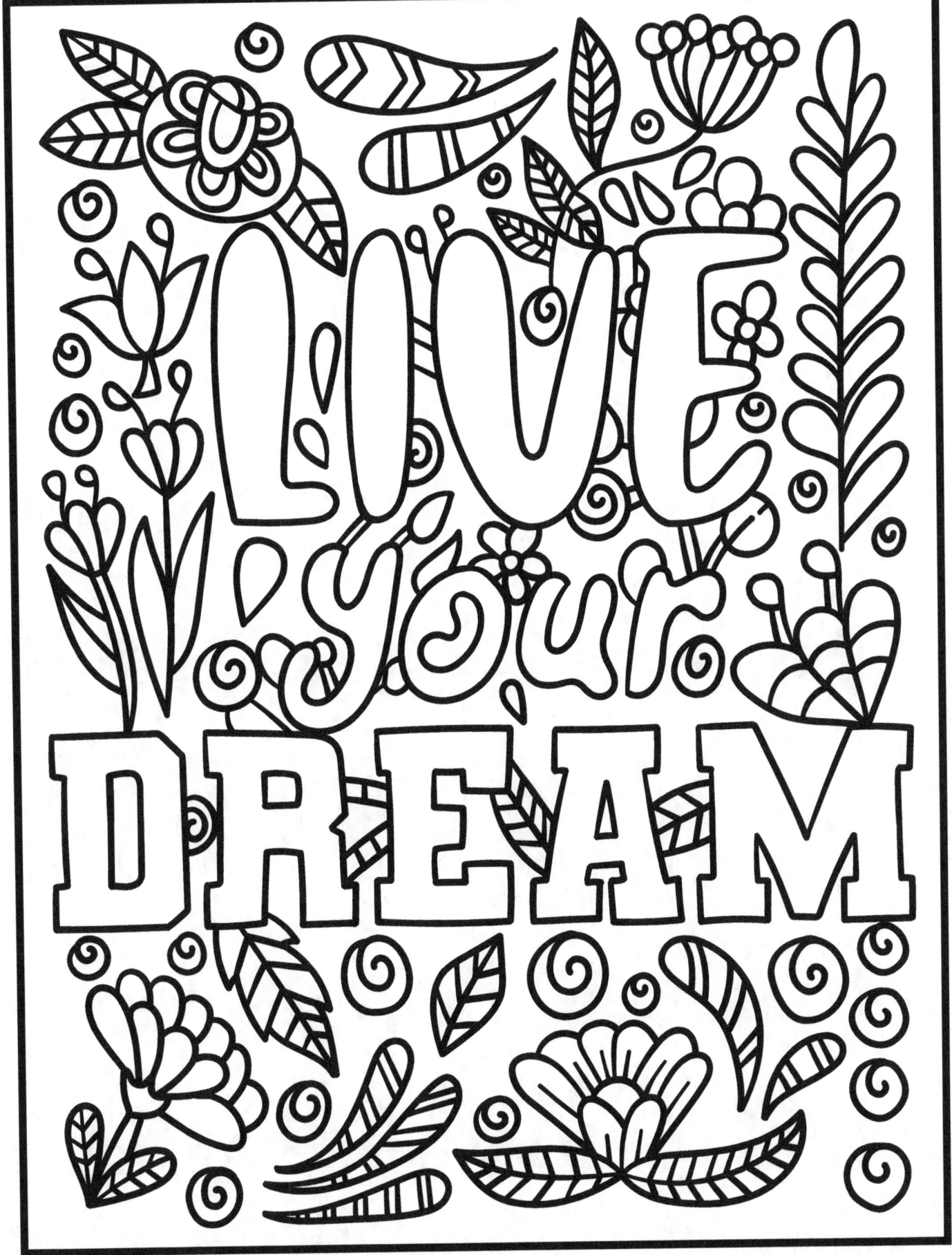

# Mindful Coloring

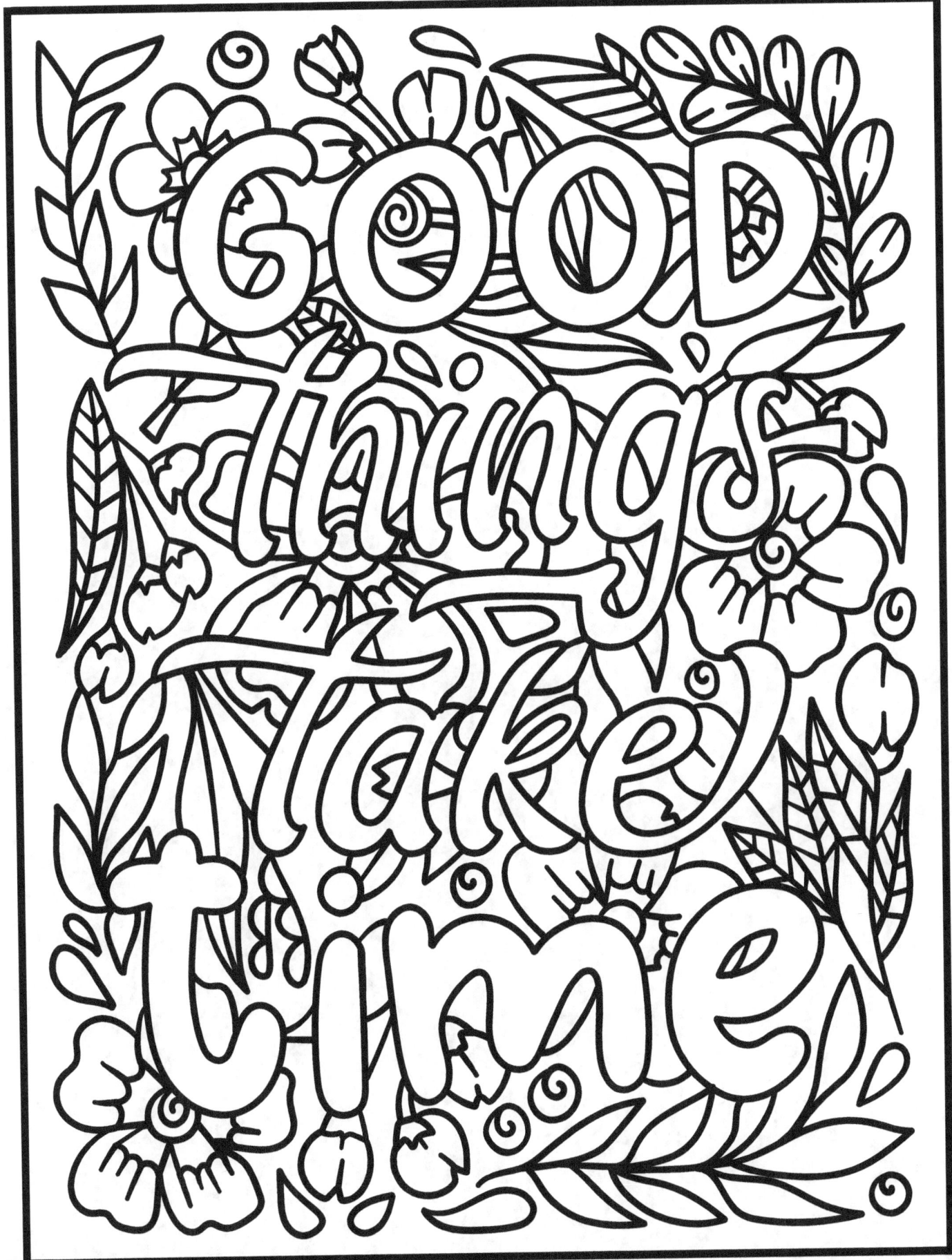

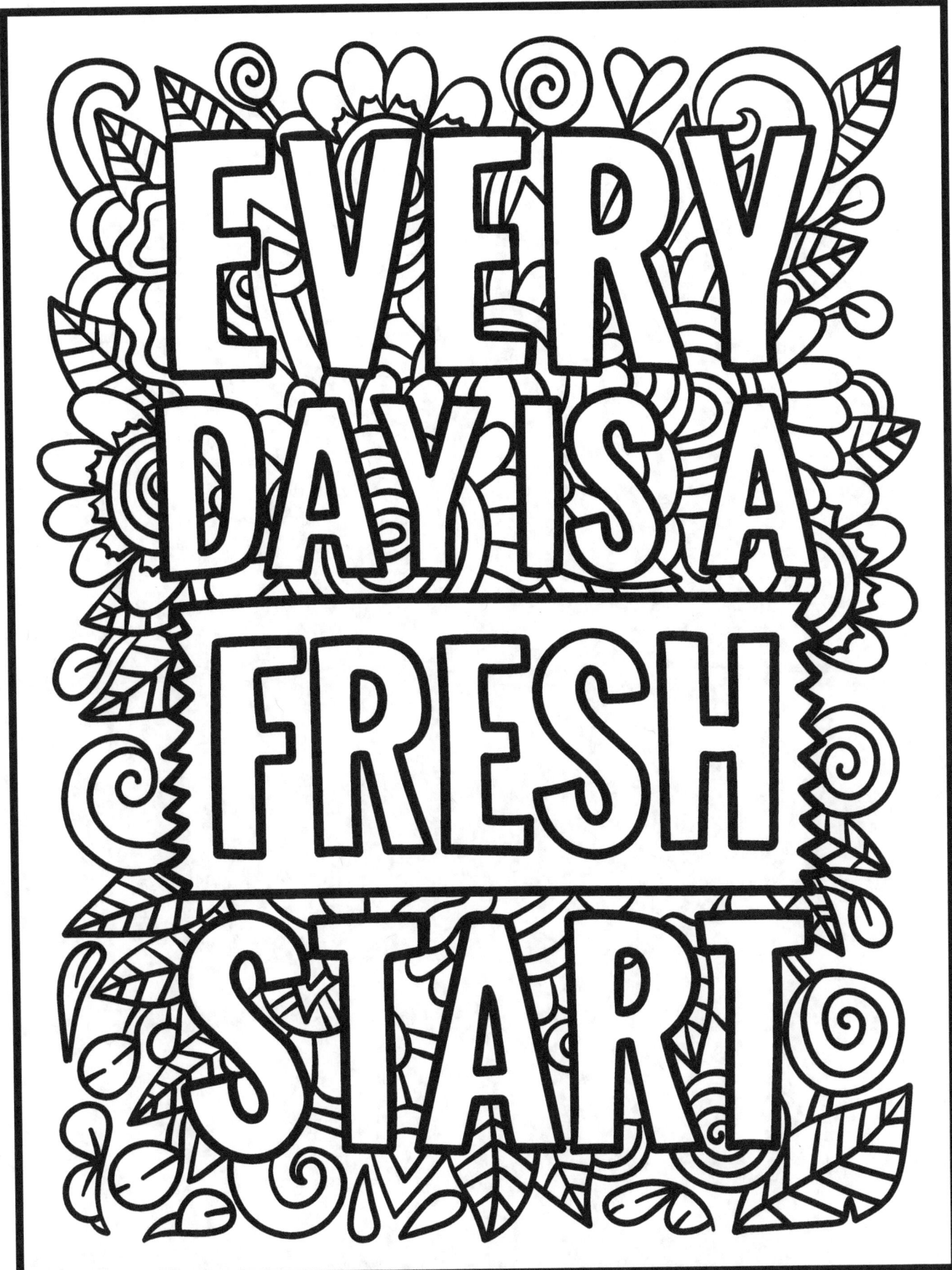

# Mindful Coloring

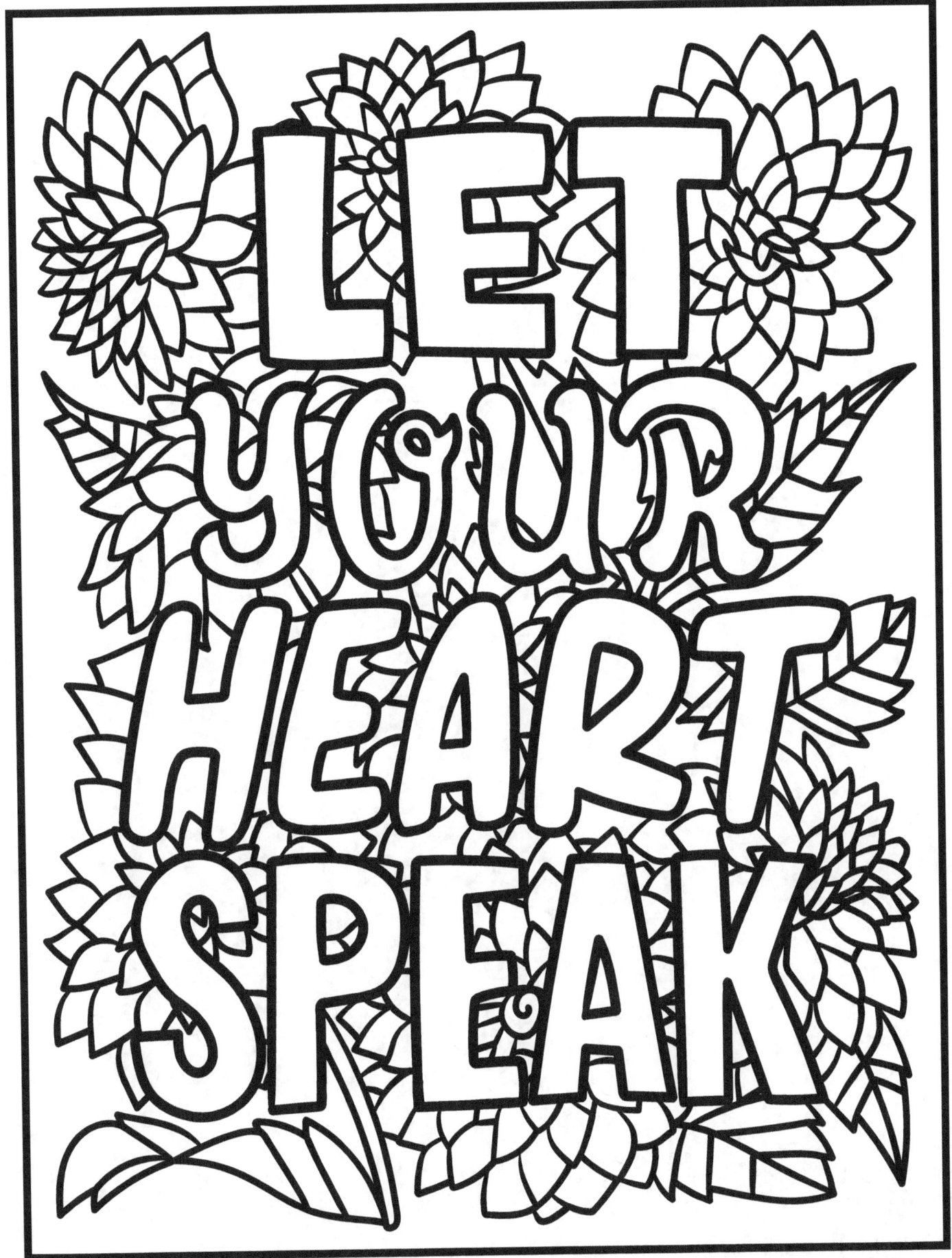